Trabajo de la

Una Guía Rápida De Artesanías De
Madera Paso A Paso Para Principiantes.
Técnicas Y Secretos En La Creación De
Increíbles Proyectos De Bricolaje

Woody Brown

Índice de contenidos

INTRODUCCIÓN

Gracias por comprar este libro.

Trabajar la madera significa muchas cosas, pero he aquí una definición razonable con la que probablemente estén de acuerdo la mayoría de los aficionados e incluso los niños. La carpintería es un oficio productivo en el que se corta, se da forma y se combina la madera para crear cosas ornamentales y útiles.

Trabajar la madera no es nada exigente desde el punto de vista físico, y puedes construir a tu propio ritmo. Por eso los niños pueden incluso trabajar la madera. Si alguna vez sigues dudando si tus hijos pueden hacerlo. Los principios básicos son sencillos de aprender, pero siempre son una diversión, que será nueva y desalentadora a medida que avance la experiencia. Si te gusta resolver problemas, te encanta la carpintería. Llevo años en esto, y con cada proyecto que creo, me enfrento a nuevos retos. Es parte del proceso. También es satisfactorio hacer que tus manos y tu cerebro hagan cosas divertidas para tu casa.

Como principiante y como niño, asegúrate de tener un plan a seguir muy claro. Tenga también claros los detalles, para no perderse en medio del proyecto. Con la ayuda de las ideas de la carpintería para los principiantes, podría haber grandes oportunidades de la carrera que uno podría venir a través como los trabajos de madera del diseñador se consideran el más en-demanda de estos días. Si los principiantes mantienen sus opciones simples cuando viene al woodworking, pueden volver a los errores que hicieron y evitar hacer la misma cosa. Hay muchas posibilidades de que cuando el primer proyecto sea una decepción, el artesano pierda el ánimo y lo deje. Esto se puede evitar si las elecciones que se hacen son fáciles y se tienen todos los conocimientos sobre la carpintería. También es esencial, como principiante, que comprenda y aprenda sobre los diferentes tipos de madera, así como cuáles son los elementos vitales que debe tener en cuenta al trabajar con esa madera en particular. Es esencial que tengan una buena idea sobre los detalles relativos a los adhesivos y sobre los tornillos utilizados para la talla de madera cuando se trata de ideas de carpintería para principiantes.

Crecimiento de la madera:

La carpintería es comúnmente conocida como uno de los sucesos más agradables de todos. Usted hará rápidamente sus piezas participando en la práctica de equipos y herramientas para trabajar la madera. Tales objetos son tareas más pequeñas al principio, pero las habilidades mejoran los elementos que usted hace.

Como cualquier deporte, la carpintería le permite obtener algunos conocimientos básicos. En un principio, deberá conocer los distintos tipos de equipos y herramientas de carpintería disponibles. Cada pieza de la herramienta tiene una tarea específica. Sin embargo, como no se puede comprar cada equipo y sistema abierto, sabrá adaptar ese software a múltiples aplicaciones.

Te aconsejo que busques una clase de carpintería cerca de tu casa. Si esto no es una alternativa, puedes comprar un excelente libro sobre carpintería sencilla o un curso para principiantes sobre herramientas y arquitectura. Estos productos pueden adquirirse en buenas librerías o en la red.

La segunda parte del crecimiento de la afición a la madera es saber cómo realizar sus proyectos de carpintería. El diseño de los artículos que va a producir es un paso en este proceso. Debe determinar qué materiales se necesitan y, por último, qué herramientas específicas deben completar el trabajo. Puede diseñar sus proyectos o comprar diseños y proyectos que ya lo detallan. Estos proyectos prediseñados tendrán más sentido cuando comience primero y aprenda el proceso de diseño y planificación de la carpintería.

Otro aspecto del diseño de proyectos es conocer los distintos tipos de productos de madera. A medida que sus habilidades se desarrollen, verá tipos específicos de madera con los que le gusta trabajar. Los diferentes tipos de madera son adecuados para varios proyectos múltiples. El pino es significativamente incomparable con el arce, y el roble puede utilizar más duro que el fresno. Estos elementos del rompecabezas de la madera son simplemente más llamativos.

El elemento inicial de cualquier proyecto de carpintería es lo que está tratando de hacer precisamente. También debe pensar en propósitos específicos para cumplir con su producto previsto. También tendrá que identificar qué estilo es el más adecuado para.

El paso más crucial de cualquier proyecto de carpintería es la preparación. Tenga en cuenta de cuánto tiempo dispone y cuánto dinero tendrá que gastar. Estos aspectos vitales desempeñan un papel esencial. Redactará una especificación detallada que contenga bocetos del producto acabado y de los posibles subconjuntos. Es imprescindible en la planificación de sus actividades. Las dimensiones de cada sección del paquete deben incluir dibujos minuciosos.

La siguiente parte de la estrategia consiste en hacer una lista de todos los suministros que necesita. Hay una enorme selección de maderas y materiales de construcción para que puedas elegir todo lo que se adapte al estilo teniendo en cuenta la calidad, la robustez y la estética.

La mayoría de las tareas de carpintería requieren la adquisición de equipos específicos. Existe una amplia gama de herramientas. No todas son relativamente baratas, y algunas son bastante caras. Cuando diseñe sus proyectos de carpintería, procure elegir diseños que no necesiten las herramientas más caras. Puede que no tenga que estar tan atento a sus decisiones si ya dispone de algunos recursos.

No obstante, antes de utilizarlo, debe comprobar si los dispositivos necesitan acondicionamiento. Si sus métodos actuales son duros, esto es muy necesario. Aparte de los problemas de seguridad personal, el uso de herramientas resistentes puede provocar cortes incorrectos y bruscos o dañar la madera blanda.

La siguiente fase en todos los proyectos de carpintería es comenzar el trabajo. Es una parte fascinante para la mayoría de nosotros. Hay que ser muy entusiasta a la hora de hacerlo. Siga todas las instrucciones, especialmente las de las herramientas eléctricas que vienen con sus dispositivos. Ten en cuenta que siempre debes llevar el equipo de seguridad adecuado, como las gafas de seguridad. No olvides ni dudes en pedir la ayuda de tus padres, especialmente cuando la tarea sea nueva para ti. La seguridad es lo primero para todos. Esto no significa que sean los únicos que lo hagan. Puedes pedirles ayuda. Los errores pueden salir muy caros en este momento. Es esencial que te ciñas a tus planes y no hagas nada más.

El siguiente paso es asegurarse de que su producto final esté totalmente terminado. Puede cambiar todo el aspecto de su obra. Decidir un acabado excelente cambiará por completo el aspecto de la pieza, así que considérelo con cuidado. Incluso las mejores tareas de carpintería pueden requerir la planificación y ejecución de planes.

La planificación excelente se basa en todas las tareas de carpintería. Con las Guías Paso a Paso, muchas cosas son ahora diferentes, y la tecnología de los proyectos de carpintería es simple y fácil de construir. Antes, se necesitaban habilidades exhaustivas para hacer algo con sus propias manos; algunas personas trabajaban como hobby en su tiempo libre; otras se lo tomaban en serio y lo convertían en un negocio.

Hoy en día, algunas personas pueden construir sus creaciones de madera, y la mayoría de la gente llamaría a un contratista para crearles un mueble, una cubierta, o incluso algo tan necesario como una escalera de mano. Pero sería más cómodo y divertido aprender a crear sus muebles con la madera de calidad que usted elija.

Proyectos de carpintería: Métodos

La carpintería hoy en día es más accesible porque hoy en día es relativamente fácil adquirir conocimientos sobre proyectos de carpintería. Hay mucha información, pero algunas son buenas y otras son malas. La experiencia que comparto con usted le ayudará a aprender mucho sobre la carpintería y a continuar con proyectos sencillos de carpintería. Estos métodos te permitirán entrenar para convertirte en un experto y disfrutar aprendiendo. No tengas miedo de dejar que tus hijos experimenten este momento único. Quién sabe, tal vez desarrollen este hábito.

Elige lo que necesitas para empezar: Antes de empezar tu proyecto, necesitarás algunos recursos.

Es necesario comprar las herramientas adecuadas para obtener resultados exactos y precisos. La forma más barata de comprar el equipo es en la web, no en el supermercado. En Internet hay buenas ofertas y precios bajos. Para cada proyecto, hacer una lista de todas las herramientas necesarias en los proyectos de carpintería es siempre una elección acertada. Busque las herramientas de calidad adecuadas, ya que las necesitará para la mayoría de sus proyectos.

Para la mayoría de los principiantes puede ser agradable y desafiante saber qué materiales se necesitan para comenzar los proyectos de carpintería. Lo primero que puede comprar en su lista es una fantástica sierra. Lo más probable es que necesites más de una sierra porque hay diferentes tipos disponibles para varios proyectos. También necesitará una buena sierra de calar, sin duda.

Siga leyendo todo lo que necesita saber sobre la carpintería. Pronto aprenderá las habilidades necesarias para ser un profesional, crear proyectos de carpintería con esta experiencia, y usted comenzará a hacerlo tan divertido.

Disfrute de su lectura!

13 PROYECTOS FÁCILES

1.Armario para el patio trasero

Puede hacer un armario cortando los bloques de madera y luego hacerlos ensamblados de una manera u otra. Todos los armarios se pueden hacer de acuerdo con los requisitos que usted tiene. Puede ser en varios tamaños y formas. El jardín y los gabinetes del jardín sin ningún problema apenas usando las técnicas de la carpintería.

Los armarios utilizados para el almacenamiento son de tanta importancia porque se puede añadir almacenar cualquier cosa en su casa en su jardín. También se puede añadir cualquier cosa y se puede recuperar cuando no se sienta que el lugar es el adecuado para ello.

Dimensiones:

- Dos tableros de madera contrachapada de 3/4 por 14 por 60 pulgadas

- Dos de 3/4 por 14 por 22 1/2 pulgadas

Procedimiento:

1. Coloque las dos piezas de madera contrachapada de 3/4 por 14 por 60 pulgadas con los bordes paralelos entre sí. Aplique cola de resina resistente al agua a las dos piezas de 3/4 por 14 por 22 1/2 pulgadas en los lados de 14 pulgadas. Colóquelas entre los dos paneles más largos, al ras en la parte superior e inferior.

2. Dispare grapas de 1 1/2 pulgadas a través de los lados de los paneles más largos, en los extremos de los paneles cortos para formar la forma rectangular del armario. Dispare las grapas a tres pulgadas de distancia.

3. Aplique pegamento a los bordes del rectángulo. Coloque el trozo de madera contrachapada de 3/4 por 24 por 60 pulgadas sobre el rectángulo y enrósquelo por los cuatro lados. Dispare grapas a través de ella alrededor del perímetro a 3/8 de pulgada del borde, espaciadas a seis pulgadas.

4. Déle la vuelta a la caja con la cara hacia arriba. Aplique cola a las piezas de pino de 3/4 por 4 por 22 1/2 pulgadas. Colócalos planos en la parte trasera del armario, uno en la parte superior y otro en la inferior. Dispara seis grapas de 1 1/4 de pulgada a través de ellos al azar. Estos son los tirantes.

5. Coloque el armario en posición vertical. Coloque dos estándares de estantes ajustables en la parte inferior del armario, en cada lado, verticalmente, a una pulgada de la parte delantera y trasera. Habrá un espacio entre la parte superior del estándar y la parte superior del armario. Si tiene problemas para que los listones queden perfectamente verticales, coloque un listón de madera de 2,5 cm de grosor en la esquina y luego coloque los listones contra él para alinearlos.

6. Atornille los estantes a los lados del armario con un taladro/atornillador y tornillos de 5/8 de pulgada. Hay agujeros en los estándares para este propósito.

7. Lijar el mueble para alisarlo y redondear todas las esquinas utilizando un bloque de lijado manual con papel de lija de grano 100. Lije todas las demás piezas de madera contrachapada y redondee las esquinas, como en las puertas y los estantes.

8. Coloque el gabinete sobre su espalda. Coloque los dos trozos de madera contrachapada de 3/4 por 12 por 60 pulgadas planos sobre el armario. Póngalas al ras en los cuatro lados. Se unirán en el centro. Estas son las puertas.

9. Coloque una bisagra de piano de 3/4 por 60 pulgadas en cada borde de la puerta. Atornille un lado de la bisagra al lateral de las puertas. Atornille el otro lado de la bisagra al lateral del armario. Utilice tornillos de 3/4 de pulgada y un taladro/atornillador.

10. Martille cuatro deslizadores de suelo de acero de 3/4 de pulgada en cada esquina de la parte inferior del armario, a una pulgada de cada esquina. Coloque el armario en posición vertical.

11. Abra las puertas. Coloque los soportes de acero de 3/8 de pulgada en los estándares ajustables de los estantes. Los soportes de los estantes se enganchan en las ranuras numeradas. Coloque los soportes en lados opuestos y haga coincidir los números para que los estantes queden nivelados.

12. Introduzca las piezas de madera contrachapada de 3/4 por 12 por 22 1/4 pulgadas en el armario. Estos son los estantes. Coloque un estante en la parte superior de cada conjunto de cuatro soportes de estantes.

13. Cierre las puertas. Coloque un pestillo en un lado de una puerta, centrado en el centro. Coloque el lazo metálico correspondiente en el otro lado. Cierre el pestillo y atornille ambas piezas a las puertas con tornillos de 5/8 de pulgada. Ahora se puede cerrar el armario.

2. Mesa de comedor de madera

Dimensiones:

- 4"x4"x8's - 3

- 2"x8"x8's - 3

- 2"x12"x12's - 2

- 2"x4"x8's - 4

Procedimiento:

1. Coge cuatro palés de madera para hacer una mesa de comedor de madera. Sería bueno utilizarla tanto en el exterior como en el interior.

2. Coloca los palets y fíjalos simplemente con tornillos.

3. También puede colocar el vaso en la parte superior.

4. También puede aumentar el tamaño utilizando más paletas.

5. Para hacer palets de madera, asegúrate de que no está tratada químicamente.

6. Para que su mesa sea duradera y resistente al agua, utilice pintura, aceite, poliuretano o cera.

3. Mesa de centro moderna

También puedes hacer una mesa de centro moderna tú mismo.

Dimensiones:

- 5 -1x3x8 tablas

- 2 - Tablas de 1x2x8

Procedimiento:

1. Para ello hay que llevar palets, tornillos, ruedas y cristales personalizados.

2. Basta con disponer y unir palets de igual tamaño mediante tornillos.

3. Junto a ella también se fijan cuatro ruedas en la parte inferior (las ruedas se pueden adquirir fácilmente en diferentes tiendas.

4. Cuando hayas terminado de formar una hermosa mesa de palets cuadrada y sencilla, es finalmente el momento de ponerle un cristal personalizado.

4. Taburete de madera para el patio trasero

Si alguna vez has visto la parte superior del taburete de madera, que se ha doblado, sabes lo excesivo que pueden ser utilizados sin ningún obstáculo. Sin duda, incluso las sillas que no funcionan están sujetas a costar 250 dólares cada una.

En cualquier escenario, usted puede replicar el aspecto de las heces que se compone de madera y puede hacer su propio sin gastar mucho dinero en todo tipo de casos que tiene. Alrededor de $ 100 será su costo cada uno y no son difíciles de crear con todos esos tipos de material que se puede encontrar fácilmente en el centro para el hogar.

Dimensiones:

- Cantidad 2: 42" (patas traseras)

- Cantidad 2: 28 1/2" (patas delanteras)

- Cant. 6: 11" (tablero trasero y delantero)

- Cantidad 4: 13" (tablas laterales)

- Cantidad 2: 14 1/2" (tablas de asiento exteriores)

- Cantidad 3: 16" (tablas interiores de los asientos)

- Cantidad 2: 15" (soportes de asiento)

Procedimiento:

1. Póngalo en marcha moviendo una de las tablas de los extremos en su sitio y apoyando la placa base de la pared en el escenario.

2. Incline la pared hacia arriba y asegúrela con un espacio impermanente que puede implementar de una manera u otra.

3. Alinee la placa base con la ayuda de una línea utilizando tiza y coloque un par o más de tornillos de 2 pulgadas de longitud sobre el contenedor para mantener la base de la pared en su posición en el lado más inclinado.

4. Los tableros presentes en la parte superior de la casa son abrumadores y también pueden ser torpes, por lo que si quieres acertar, debes redondear todos los compartimentos que tienes delante.

5. Acogedor sofá de palets

Dimensiones:

- Corta dos travesaños horizontales de 2x4 para apoyar la parte superior y dos travesaños de 2x8 para los bancos. Corta una esquina de cada extremo de los travesaños del banco.

- Haga dos tirantes de 2x4 con extremos cortados a inglete a 45 grados para que vayan desde los lados hasta la parte inferior del tablero.

Procedimiento:

1. Ni siquiera te imaginas que puedes hacer un hermoso y acogedor sofá por ti mismo. Todo lo que necesitas tener es madera o palets de madera de pequeño tamaño, placas de acero inoxidable, y las piernas para hacer su sofá más duradero, un poco de estilo, y los últimos cojines.

2. Basta con unir los palets en la forma adecuada de sofá.

3. Ahora utiliza patas de acero inoxidable y cubre el sofá colocando cojines.

4. Colóquelo en el interior o en su jardín y disfrute de una acogedora sesión.

6. Silla columpio de paletas para exteriores

Dimensiones:

- 8 tablas de 2x4

Procedimiento:

1. Usando tu imaginación, puedes hacer milagros en diferentes proyectos de carpintería. Puedes hacer una silla de columpio de madera que se colgaría a algún árbol.

2. Utiliza palés y únelos con la ayuda de una cuerda fuerte.

3. Necesitarás suficiente cuerda para girarlas con el árbol alto.

4. Une cada paleta con la siguiente utilizando simplemente un cordón delicado.

5. Siéntese en la silla a cualquier hora del día y disfrútela.

7. Estantería para zapatos

Puedes hacer fácilmente un hermoso estante de exhibición para tu mudroom. A nadie le gusta ver barro en la habitación, así que haz un zapatero para ti y sorprende a los demás.

Dimensiones:

- 2 - 1x4x8 (Piernas)

- 6 - 1x3x8 (Estantes)

- 1 - 2x2x8 (soportes de estantería)

Procedimiento:

1. Elige un lugar adecuado en tu casa y haz un zapatero vertical. Guárdalo tanto como pares de zapatos tengas.

2. Basta con utilizar palés rectos y unirlos de forma que quede espacio suficiente entre ambos para poder fijar el zapato.

3. Si quieres un aspecto natural, déjalo como está o si quieres un aspecto elegante, ¡píntalo!

8. Estantería

Para hacer una estantería en su jardín, debe tener piezas de madera aplanada, sin embargo, la fabricación de la parte superior de ellos en el escenario tiene circunstancias favorables. Si quieres ponerte manos a la obra, deberás prescindir de tantas herramientas de paso necesarias.

Además, puede fijar el material a los colores sin poner ningún esfuerzo y sin necesidad de trabajar por encima y en espacios abarrotados. Es necesario considerar adicionalmente que se verifique que el confinamiento sea cuadrado, y que el borde sea consumadamente recto antes de clavar el plafón.

Dimensiones:

- Una pieza de 1×12 de 24 pulgadas de longitud

- Tres piezas de 22 ½ pulgadas de longitud

- Dos piezas de 49 ¼ pulgadas de longitud

- 1×3 a 22 ½ pulgadas de longitud

Procedimiento:

1. Una vez cortadas todas las piezas de madera, utilizando una lijadora eléctrica (o lijando a mano también es aceptable si no tienes una lijadora eléctrica) querrás lijar a fondo cada pieza de madera con papel de lija de grano 80. Si compra madera "selecta", normalmente ya está lo suficientemente lisa como para no tener que lijar nada. Sin embargo, es mucho más cara, por lo que creemos que vale la pena el trabajo extra de lijarla nosotros mismos. El lijado sólo permite intentar que la tabla quede lo más impecable posible; elimina las protuberancias adicionales o las manchas de tinta dejadas por la empresa.

2. Una vez que las tablas estén lijadas, tendrá que perforar los agujeros de bolsillo utilizando la plantilla Kreg y su taladro. Los tres pedazos

de 1×12 que son 22 ½ pulgadas de largo necesitarán tres agujeros de bolsillo en cada extremo de un lado de la tabla. Habrá un total de 6 agujeros de bolsillo en cada uno de esos tableros cuando se haya completado. Su pieza de 1×3 necesitará dos agujeros de bolsillo en cada extremo de un lado de la tabla para un total de 4 agujeros de bolsillo en esa tabla. Por último, sus dos piezas más largas de 1×12 necesitarán tener tres agujeros de bolsillo en un extremo en un lado que asegurará la parte superior juntos.

3. Ahora comienza el montaje. Coge tu pieza de madera de 24 pulgadas de 1×12 y apóyala contra algo sólido. A continuación, coge una de las piezas de 49 ¼ pulgadas de 1×12 y colócala justo enfrente de la otra tabla de pie y empuja las partes inferiores para que queden al ras una con la otra. La tabla más larga debe tener los agujeros hacia arriba y deben estar en el extremo que toca la otra tabla. Con los tornillos, alinea las tablas en cada extremo para que estén perfectamente alineadas y atorníllalas.

4. En el extremo opuesto de la tabla larga que acabas de fijar a la otra tabla, tendrás que fijar el trozo de 1×3. Alinee un extremo de la tabla más pequeña con el borde de la tabla más grande en el lado más cercano a usted (esta será la parte delantera de la librería). Asegúrese de que los agujeros del 1×3 están orientados hacia dentro. Atornille las dos tablas y luego dé la vuelta a todo el grupo de tablas que acaba de fijar. Las dos tablas más pequeñas soportarán la tabla más grande.

5. Fije la segunda pieza de 49 ¼ pulgadas de 1×12 al lado abierto del marco que ha comenzado a construir. Hágalo de la misma manera que la otra tabla o como le resulte más cómodo, siempre y cuando las tablas estén alineadas entre sí.

6. Una vez que tenga el marco, asegúrese de que la parte delantera de la librería esté orientada hacia arriba (este es el lado que debe tener el 1×3). Coge una de tus tablas de 22 ½ pulgadas y colócala encima del 1×3 con los agujeros hacia fuera. Este será el fondo interior de la estantería. Tenlo en cuenta por la forma en que las tablas deben estar orientadas. Utilizando los agujeros en la parte inferior de la tabla, asegúrela en su lugar.

7. A continuación, colocará otra de sus tablas de 22 ½ pulgadas dentro del marco para hacer otro nivel dentro de la librería. Mida 16 pulgadas hacia arriba desde el nivel inferior que acaba de asegurar y atornille, de la misma manera que la última tabla, esa tabla al marco.

8. Mida 15 pulgadas desde esa tabla y coloque su último nivel dentro de su librería, siguiendo los mismos pasos que los otros niveles.

9. En este punto, si quieres hacer cualquier tipo de laca o tinción, querrás hacerlo ahora antes de poner la tapa trasera. En la foto hemos utilizado goma laca de color ámbar. Para hacer la goma laca, simplemente tome su pincel y ponga una buena capa uniforme en toda su estantería. Asegúrese de quitar el polvo antes de empezar a aplicar la goma laca. También asegúrese de no dejar ninguna gota

o globo de goma laca, ya que se notará al secarse. Aplicamos una capa y la dejamos reposar durante unas horas y luego aplicamos una segunda capa y la dejamos reposar toda la noche.

10. Una vez que la goma laca esté seca, tome su papel de lija de 1000 y, a mano, repase toda su estantería, ligeramente, no de forma brusca. Esto hará que la madera se sienta un poco más suave y uniforme. Vuelve a quitar el polvo de la estantería.

11. Alinea el trozo de tablero de apoyo y asegúrate de que está a ras de la parte superior de la estantería, lo que hará que quede en el lugar y la longitud perfectos para la parte inferior de la estantería. En algunas de las principales madereras venden estas tablas de apoyo de este tamaño listas para usar, es una pieza de madera fina que es algo endeble y viene en varios tonos. Asegúrate de elegir un tono que combine con tu librería. Fija el tablero en su sitio con clavos de acabado a su alrededor, espaciados uniformemente.

12. Y ahí lo tienes... has construido tu propia estantería.

9. Camas de paletas para mascotas

Dimensiones:

- Tiras de 1 1/2 pulgadas

- Seis piezas de madera de la misma longitud que la altura total deseada.

Procedimiento:

1. Sorprendentemente estás en el lugar adecuado donde aprenderás a hacer una adorable y acogedora cama de madera para tus mascotas. Para hacer una cama para mascotas, reúna algunas paletas pequeñas, y darles una forma rectangular.

2. Puedes hacerla tan grande como creas que tu mascota cabrá en ella.

3. Utiliza un pequeño colchón y cojines para que sea cómodo para tu

mascota.

4. Además, puedes colocar en él algunos juguetes con los que a tu mascota le encantará jugar.

10. Casa de los pájaros

Dimensiones:

- Piezas laterales 5-1/2 x 5-1/2 pulgadas

- Piezas de techo: una de 6 x 7-1/4 pulgadas y otra de 5-1/8 x 7-1/4 pulgadas

- Fondo 5-1/2 x 2-1/2 pulgadas

Procedimiento:

1. Comience por afectar a una de las tablas de los extremos en el lugar y dejar que la placa base del divisor en el paso.

2. Incline la valla y asegúrela con un espacio impermanente que ya ha sido implementado.

3. Alinee la placa base con la línea de tiza y pase un par o más de tornillos de 2 pulgadas de longitud a través de la placa para mantener la base del divisor en su posición inclinada.

4. Los tableros de la parte superior de la casa son abrumadores y parecen ser torpes, por lo que debe redondear todos los compartimentos presentes si desea obtener una correcta.

5. Coloca las tablas en su posición e inclínalas hacia la parte delantera y hacia los separadores que hay en la parte trasera.

6. En ese momento, coloca taburetes dentro del edificio para dos ayudantes y empuja uno de los tableros hacia ellos.

7. Deslice el tablero por la azotea. Hasta que la boca de los pájaros caiga sobre la placa superior del divisor.

8. Asegúrese de que un borde se ajusta impecablemente a la parte superior de la pared presente en el interior. En ese momento, el tablero de la azotea se asegurará con algunos de los clavos a través de la boca de cada pájaro, que está presente en la placa superior que tiene el divisor.

9. A continuación, hay que cortar las piezas laterales de manera que tengan la forma de un triángulo. Coloca las piezas sobre el punto más alto de la cabecera e imprime los cortes que se han calculado. A continuación, la pieza de remate doblada cortando las puntas en cada extremo y serrando los dobleces con una sierra de calar y alisándolos después. Utilice el baile de estampación para trazar el puntal doblado, también.

11. Valla de jardín

Dimensiones:

- Postes de valla tratados a presión de 4in x 4in x 6ft

Procedimiento:

1. Deberías empezar a hacerlo teniendo todas las secciones montadas y apuntando desde arriba.

2. Alinee los bordes presentes en el exterior de las secciones inferiores con toda la zona que se encuentra en el lateral, llegue a empujarlos hasta el zócalo en el que lo va a colocar, y atorníllelos al separador.

3. Enfoque la sección superior en la cresta y hágala ajustada al sofito. Si comienza con las secciones que van por debajo de los tramos, debe envolver las esquinas con el tablero de esquina.

4. Cubra la tabla de la esquina delantera con la que está presente en el lado.

5. Completa la valla introduciendo los clavos de arriba a abajo y completándola desde fuera.

6. Sólo hay que dar el toque final y pintar los lugares superiores e inferiores antes de que se conozcan, luego sólo hay que calafatear y rellenar los huecos que han quedado debido a los clavos antes de pasar una capa extra de pintura a las superficies niveladas.

12. Escalera de madera

Los palets también se pueden utilizar para hacer una escalera para su casa. Para ello, necesitarás muchos palets para poder hacer una bonita escalera. Recuerda que este proyecto es muy complicado y requiere algunas habilidades especiales. Sin la ayuda de un experto, no podrás construirla rápidamente. Es arriesgado si no se hace correctamente. Pero quedará preciosa si consigues hacerla.

Dimensiones:

- Todos los peldaños deben ser del mismo tamaño (la subida y la bajada deben ser iguales en todos los peldaños)

- La anchura de cada escalón debe ser de al menos 2 pies y 8 pulgadas (los escalones domésticos normales suelen ser de 3 pies y 6 pulgadas)

- Altura máxima del escalón de 7 3/8 pulgadas

- Longitud mínima de recorrido de 10 pulgadas

- Los escalones de 44 pulgadas o más de ancho deben tener pasamanos a cada lado

- El código de incendios normalmente dice: no permita que las escaleras se eleven más de 12 pies sin proporcionar un aterrizaje. La longitud del rellano debe ser al menos igual a la anchura del peldaño de la escalera.

Procedimiento:

1. Tome la tabla que va a utilizar para el elevador y mida el ángulo hasta la esquina inferior izquierda y trace una línea.

2. Mida la altura de su subida desde la línea del paso 1 hasta el borde del tablero y trace una línea.

3. Mida la longitud del recorrido desde el punto de subida 90 grados y trace una línea

4. Ahora quiere fijar la parte superior del elevador a la estructura a la que quiere acceder. coloque el último elevador contra la superficie frontal y atorníllelo con perchas. coloque el segundo elevador a la distancia del escalón y atorníllelo con perchas. coloque cualquier elevador adicional entre ellos de forma adecuada.

5. Ahora que los elevadores están cortados y colgados todo lo que tienes que hacer es poner las tablas de los escalones. esto es agradable y fácil... cortar a la anchura correcta, colocar y atornillar subiendo los escalones para poner el siguiente.

6. Hecho

13. Comedero para pájaros

Dimensiones:

- Piezas laterales 5-1/2 x 5-1/2 pulgadas

- Piezas de techo: una de 6 x 7-1/4 pulgadas y otra de 5-1/8 x 7-1/4 pulgadas

- Fondo 5-1/2 x 2-1/2 pulgadas

Procedimiento:

1. Puede montar los laterales de los comederos para pájaros en cualquier nivel de superficie, pero es perfecto tener esa etapa en el nivel superior.

2. En primer lugar, haga líneas en la cubierta de madera

contrachapada con la que va a crear su obra maestra.

3. Las líneas deben estar a 5 cm de los bordes del escenario para que se vean dentro del borde de los divisores.

4. Mídelo para comprobar que las líneas son paralelas y están separadas entre sí. En ese punto, marca con tiza una línea en el centro.

5. Usted utilizará esta línea para asegurar que las placas superiores calculadas se encuentren en el interior.

8 PROYECTOS MEDIANOS

1. Mesa de centro de bricolaje

- Taladro

- Pistola de pegamento caliente

- Pintura o tinte

- Pecho o maleta

- Pistola de grapas

- Cinta métrica

- Patas y contenedores de almacenamiento

- Herrajes de la placa superior

- Terciopelo o tela

- Papel pintado

- Cordones o adornos

- Separadores de madera

Dimensiones:

- 5 -1x3x8 tablas

- 2 - Tablas de 1x2x8

Procedimiento:

1. Lija las maderas del palet y luego píntalas para complementar los colores de tu arcón. Examina con cuidado el arcón y retira cualquier tela rota para dar a tu mesa de centro de almacenamiento un aspecto ordenado.

2. Mide las patas y luego prepara las cuatro patas para fijarlas en el lugar correcto. Puedes utilizar una ametralladora para fijar los clavos y utilizar separadores de madera para hacer pequeños compartimentos. Será útil decorar los separadores de madera con papel pintado.

2. Carro para servir comida sobre ruedas

LO QUE NECESITAS

- Una paleta, y no tiene que ser muy grande

- Martillo y clavos

- Cuatro ruedas para el fondo

- Pintura o barniz (a su elección)

- Papel de lija

Dimensiones:

Para el carro:

- Patas -- ocho a 1-1/2" x 3-1/2" x 31-3/4"

- Bloques de rueda -- cuatro a 3/4" x 3-1/2" x 3"

- Rieles del extremo inferior -- dos a 3/4" x 3-1/2" x 22"

- Rieles del extremo superior -- dos a 3/4" x 3-1/2" x 18"

- Rieles laterales inferiores -- dos a 3/4" x 3-1/2" x 28-1/2"

- Rieles laterales superiores -- dos a 3/4" x 3-1/2" x 23"

- Camilla inferior -- una de 3/4" x 3-1/2" x 20-1/2"

- Listones inferiores exteriores -- dos a 3/4" x 5-1/2" x 30"

- Listones interiores del fondo: tres a 3/4" x 3-1/2" x 30"

- Rieles finales de almacenamiento -- dos a 3/4" x 3-1/2" x 22"

- Rieles laterales de almacenamiento -- tres a 3/4" x 3-1/2" x 28-1/2"

- Camilla de almacenamiento -- una de 3/4" x 3-1/2" x 15"

- Tope de bandeja -- uno en 3/4" x 5-1/2" x 15"

- Estante largo -- uno de 3/4" x 3-1/2" x 28-1/2"

- Estante corto -- uno a 3/4 x 3 1/2 x 15

- Bloques de asa -- cuatro a 1-1/2" x 3-1/2" x 3-1/2"

- Asas -- dos a 1" x 21-1/2

Para la bandeja:

- Extremos de las bandejas -- dos a 3/4" x 4-3/4" x 14-1/2"

- Fondo de la bandeja -- uno en 3/4" x 14-1/2" x 22-1/8"

- Lados de la bandeja -- dos a 3/4" x 3-1/4" x 23-5/8"

HACIENDO ESTE PROYECTO

1. Echa un vistazo a la imagen de abajo, de la estructura básica al revés si no estás seguro de cómo armar esto.

2. Tendrás que desmontar tu palet y utilizar las piezas para construir este carro rodante "desde cero". Es un proyecto excelente para construir con madera que no sea de palet si tienes o no puedes encontrar ningún palet.

3. Arma tu marco superior, utilizando dos trozos de madera y uniéndolos con dos piezas más cortas. Comprueba la foto para que se te ocurra mejor.

4. Utilizando trozos cortos de tablas de palet, cree una superficie superior sobre este marco completo.

5. Repita los dos pasos que estaban haciendo la superficie de almacenamiento inferior.

6. Utiliza cuatro trozos de madera para crear las patas y fíjalas todas.

7. Añade las ruedas en la parte inferior de las patas.

8. Lijar todo, terminar y pintar (si se quiere).

3. Estantería de tablones de paleta

Es un tipo de estantería sencillo pero eficaz. Lo mejor es que puedes hacer una en muy poco tiempo. Ni siquiera necesitas un palé entero para hacerla. Puedes utilizar cualquier tabla de madera vieja que encuentres. La madera de palet es, por supuesto, una de las opciones más baratas para los aficionados al bricolaje con poco presupuesto.

LO QUE NECESITAS

- Dos tablones de palet que sean al menos tan largos como la estantería que quieres construir

- Una sierra eléctrica (la sierra de mano servirá para este proyecto)

- Papel de lija

- Pintura o barniz (aquí también se puede elegir)

- Tornillos para madera

- Ganchos para colgar la ropa

- Cinta métrica

- Perchas para cuadros

HACIENDO ESTE PROYECTO

1. Mide la pared en la que quieres colocar tu estantería (o sujeta los tablones contra la pared y marca dónde tendrás que cortar)

2. Corta los dos tablones a la longitud adecuada

3. Con el taladro y los tornillos para madera, une los dos tablones en un ángulo de 90 grados, a lo largo (mira la imagen terminada si no estás seguro de este paso). Perfora primero los agujeros para los tornillos para evitar que la madera se parta.

4. Marca el lugar donde quieres colocar los ganchos. Si no tienes ganchos de verdad, puedes utilizar cualquier cosa de forma similar, como los pomos de los armarios (ver la imagen). Puedes colocarlos de manera uniforme o como quieras.

5. Ahora que los agujeros están marcados, es el momento de perforar algunos agujeros y colocar los ganchos.

6. Los tornillos o pernos que has utilizado para fijar los ganchos pueden sobresalir de la parte trasera de la estantería. No puedes colocarla así en la pared, así que tendrás que serrar (con cuidado) el exceso de metal del extremo. Alísalo con papel de lija para que no raye las paredes.

7. Ahora puedes sujetar los colgadores de cuadros en la parte posterior de la estantería, espaciados lo suficiente como para proporcionar mucho equilibrio. Si no dispones de ellos, puedes arreglártelas con un alambre resistente. Asegúrate de que no se va a romper y dejar caer la estantería.

8. Ahora puedes colgar tu estantería, como lo harías con un gran cuadro.

4. Jarrón

Se pueden hacer muchas cosas increíbles y únicas con la madera. La madera tiene innumerables usos, y el límite es el cielo. Además de los muebles, también puedes hacer un montón de cosas de madera para decorar tu casa y tu entorno. Hay muchas piezas de decoración que están hechas únicamente de madera. Utiliza palets o troncos o consigue algún diseño único elaborando la madera, y vas a conseguir fantásticas piezas de decoración. Colócalas sobre la mesa o sujétalas con la pared. Todas ellas darán un aspecto fabuloso a tu hogar.

Dimensiones:

- El diámetro debe ser de 2 pulgadas

- La longitud también puede ser de 1,5-2,5 pulgadas

Procedimiento:

1. Para hacer este jarrón, necesitas algunos troncos de madera pequeños. Córtalos en el tamaño adecuado.

2. Ahora consigue algún jarrón o utiliza algún cubo viejo y une los troncos utilizando goma de madera para asegurar los troncos pequeños.

3. Ahora coloca en él las flores que desees. Este jarrón de madera puede colocarse en la mesa auxiliar. Además, también es una buena idea utilizarlo para las mesas de exterior.

5. Diseño montado en la pared

Ahora compruebe el siguiente diseño montado en la pared. Este diseño también es bueno para ir con. Puede empezar este proyecto de carpintería más sencillo para decorar las paredes de su casa.

Dimensiones:

Corta las maderas en diferentes longitudes (como desees) pero asegúrate de que tengan el mismo grosor

Procedimiento:

1. Corta y coloca la madera, como se muestra en la imagen.

2. Antes de montar con la pared, utilizando el vidrio en el centro, como se muestra. Este proyecto de carpintería decorará las paredes

de su casa de forma fantástica. Así que, ¿por qué no lo intentas?

6. Silla columpio de paletas de interior:

Después de un largo y ajetreado día, quieres liberar el estrés y la tensión. Una de las cosas más fáciles que puede hacer en este sentido es hacer una silla de columpio de paletas de interior para su casa por sí mismo. Es un gran proyecto de carpintería para los amantes del columpio.

Pero antes de empezar este proyecto, asegúrate de que el techo de tu casa es lo suficientemente fuerte como para soportar esta silla columpio y también tu peso. Si la parte superior no es tan fuerte, no la elijas para el interior en lugar de elegirla para el exterior.

Dimensiones:

- 8 tablas de 2x4

Procedimiento:

1. Para hacer esta silla columpio de interior, necesitas reunir y asegurar algunos palets.

2. Píntalos de blanco y coloca sobre ellos un acogedor colchón blanco.

3. Pero antes de poner el colchón, es necesario hacer algunas otras cosas. Por ejemplo, utilizar alguna cuerda o silla de metal para sujetar esta silla de columpio con el techo.

4. También puedes hacerlo con el árbol en caso de que sea al aire libre.

7. Marco de fotos

- Tablas verticales de madera de palet

- Clavos y martillo

- Papel de lija de grano 150

- Pegamento y pistola de clavos

Dimensiones:

- Ajustando la sierra de mesa a 1-1/2" (desde la hoja a la guía), corta la tabla de madera en dos piezas de 4 pies de largo. Deben tener exactamente la misma anchura, así que pasa la más ancha de las dos por la sierra de mesa una segunda vez. (Por supuesto, si hubieras querido el marco más ancho o más estrecho, habrías ajustado la sierra de mesa en consecuencia).

INSTRUCCIONES:

1. Coge palets de madera y córtalos en trozos verticales para hacer un marco de fotos. Lijar la madera con papel de lija de grano 150 después de cortar la madera.

2. Puede seleccionar la forma y el diseño de su marco de fotos y fijar todas las tablas de madera con clavos y el martillo. También puede utilizar una pistola de clavos para mejorar las paletas entre sí.

3. Será útil elegir pintura blanca o marrón para dar un toque único a su marco de fotos. El tamaño de las tablas de madera de palet se basará en su necesidad de un marco de fotos. Usted puede aumentar o disminuir en base a sus preferencias.

8. Nevera rústica para bebidas

LO QUE NECESITAS

1. Al menos cinco paletas

2. Una lavadora eléctrica (si no puedes fregar la madera a mano)

3. Sierra Dremel

4. La nevera de su elección, del tamaño adecuado, por supuesto

5. Taladro de impacto

6. Lápiz para madera (o un lápiz normal)

7. Cinta métrica

8. Destornillador (cabeza plana)

9. Martillo

10. Alicates

11. Barra de apalancamiento

12. Tornillos para madera (tipo exterior)

13. Cola para madera de fuerte adhesión

14. Pernos

15. Bisagras

16. Tuercas en T

17. Broca de perforación

18. Babero para manguera

19. Mango

20. Acoplamiento de PVC (algunos refrigeradores no lo requieren)

21. Un asa

Dimensiones:

- 6 - Tablas de 1×4 a 8 pies.

- 5 - Tablas de 1×2 a 8 pies.

- 3 - Tablas de 1×3 a 8 pies.

- 1 - Tabla de 2×3 @4ft.

HACIENDO ESTE PROYECTO

1. Una vez que tengas los palets, deberás fregarlos o, preferiblemente, utilizar una hidrolavadora para dejarlos bien limpios. La madera saldrá muy bien si se utiliza una lavadora eléctrica.

2. Retira los tablones de madera de los palés. Asegúrate de que tienes suficientes para cubrir los lados de la nevera, con los tablones en horizontal.

3. Quita las ruedas, las asas, los cierres y las bisagras de la nevera, así como cualquier otra pieza de ferretería que pueda estorbar cuando la coloques en la estructura de madera que harás a continuación.

4. Tu nevera va a necesitar cuatro patas. Coge ocho listones de madera (dependiendo de lo grande que sea la tuya) y corta trozos de 32 pulgadas de longitud.

5. Une 2 de tus listones a 90 grados en sentido longitudinal, con tornillos y cola. Asegúrate de perforar previamente antes de insertar los tornillos para evitar que se parta la madera. Haga esto de nuevo, haciendo dos labios para las longitudes superiores de su

nevera.

6. Une los labios con dos trozos de madera.

7. Mide la altura de la nevera y calcula cuántas tablas de madera necesitarás para hacer los laterales.

8. Para hacer una pata, une dos trozos de madera a 90 grados, como hiciste con el labio superior. Asegúrate de que son lo suficientemente largos como para ir desde la parte superior de la nevera hasta el suelo, pasando por la base de la nevera.

9. Ahora puedes unir el labio superior, las piezas laterales y las patas, como en la imagen.

10. Haz la tapa, crea de nuevo dos labios, únelos con trozos cortos de tablón y utiliza trozos de tablón para cubrir la parte superior.

11. Fija la tapa con sus bisagras, y ya está listo.

9. Porta-lápices oxidados

También puedes decorar tu mesa de estudio haciendo portalápices oxidados. Si quieres crear algo para tus hijos, no dejes de probar este proyecto. Estos portalápices oxidados tienen un aspecto fantástico cuando se colocan en la mesa de estudio. Además, a tus hijos les resultará cómodo identificar y coger los lápices de estos portalápices. Además, su hijo encontrará el color deseado con sólo girar el portalápices. Así pues, ayude a su hijo a encontrar el lápiz adecuado o el color de lápiz de su elección con este portalápices.

(Nota: NO SE HACEN DIMENSIONES POR EL CORTE PARA EL LECTOR SOLO TIENE QUE ENCONTRAR UN REGISTRO DE SU ELECCIÓN)

Procedimiento:

- Este portalápices no es tan difícil de hacer ya que sólo necesitas un tronco. Consigue un tronco de tamaño adecuado que pueda encajar perfectamente en la mesa de estudio.

- Además, no debe ser tan pesado. La razón es que a veces surge la necesidad de llevarlo a cualquier parte de la casa porque, con mayor frecuencia, a los niños no les gusta estudiar en un solo lugar.

- Así que, para hacer esto, los portadores de lápices consiguen un tronco y hacen algunos agujeros utilizando máquinas de perforación.

- Los agujeros deben ser lo suficientemente profundos como para sostener los lápices.

5 PROYECTOS DIFÍCILES PARA JÓVENES TRABAJADORES DE LA MADERA

1.Caja con tapa

- Herramientas y materiales necesarios

- Cinta métrica o regla

- Sierra o sierra de mesa y una caja de ingletes

- Abrazaderas pequeñas

- Pegamento

- Madera de 1x4

- Lijas

- Empezando por el final, mida y corte estos y trate de hacerlo con precisión.

Dimensiones:

- Tablas de 4 a 7 pulgadas de largo

- Tablero de 1-8 ½ pulgadas

- a tablas de 5 pulgadas

Procedimiento:

1. En primer lugar, tome la pieza de 7 pulgadas y luego coloque una fina capa de cola para madera en ambos bordes largos.

2. A continuación, coloque dos o más tablas de 7 pulgadas en estos bordes pegados para hacer una forma de U. Asegúrate de que los extremos están alineados y todo está recto.

3. Después, sujeta los extremos sin apretarlos.

4. A continuación, coloque la última tabla de 7 pulgadas en la parte superior, sin pegamento, y aplique una abrazadera para mantenerla allí. Esta tabla es sólo para asegurar que los lados están rectos y que el hueco de arriba no es más amplio que el hueco de abajo.

5. Apriete todas las abrazaderas comprobando que las tablas no se desplacen. Si se trata de una zona de encolado considerable, las piezas se moverán un poco la mayoría de las veces.

6. El siguiente paso es dejar secar la tabla durante una hora aproximadamente sin tocarla.

7. Cuando esté seco, puede retirar todas las abrazaderas. Las juntas pueden estar todavía tiernas. A continuación, coloque la tabla de

7', que está sin pegar a un lado.

8. En los dos lados de los bordes en forma de U, coloque una fina capa de pegamento.

9. Coloca las tapas de ambos extremos, y debes tener cuidado al alinear los bordes.

10. Sujeta con abrazaderas las dos tapas de los extremos y deja que todo se seque durante la noche.

11. Al día siguiente, retire las abrazaderas.

12. Ahora, tome la última tabla de 7 pulgadas y compruebe el ajuste dentro de la parte superior. No debe estar demasiado apretado, pero debe estar cerca.

13. Tome la tabla de 8 ½ 'y midiendo, dibuje una línea de ¾ de pulgada de cada lado. Esa última pieza de 7' debe encajar limpiamente entre las líneas.

14. Aplica pegamento para un lado completo de ese tablero de 7' y luego ponlo entre las líneas del tablero de 8 ½'. Cuando el pegamento se haya secado, puedes soltar las pinzas y comprobar el ajuste de la tapa. Luego puedes lijar y pintar si lo necesitas.

2. Cuchara de madera

- Herramientas que necesitará

- Un hacha

- Martillo

- Cuña

- Cuchillo

Cuchillo para cucharas: Puedes comprarlo en línea o en una ferretería local.

Dimensión:

Necesitas un tronco de madera que sea 10-15 cm más largo que la cuchara de madera que vas a hacer. Debe estar recién cortado. La madera, que no se utiliza de inmediato, se puede dejar un poco de hierba alta. Así, estará húmeda y podrás trabajar con ella durante 2-4 semanas.

Se puede utilizar todo tipo de madera. Pero los árboles frutales serán los mejores. En este caso, utilizamos la madera de manzano como ejemplo. Es duradera y dura.

1. Ahora debes martillar y calzar. Dividir el tronco para obtener cuatro piezas.

2. Aquí hemos utilizado un trozo de carbón para dibujar la forma de la cuchara. Puedes cortar la forma aproximada al dibujo utilizando el hacha. Si quieres dejar la madera o terminarla más tarde, colócala en un cubo de agua o en una bolsa de plástico en la nevera.

3. Puedes dar forma a la parte exterior de la cuchara con un cuchillo y cuando esté lisa, haz el cuenco con un cuchillo de cuchara. Por último, talla en el extremo del mango.

4. La cuchara debe estar seca antes de lijar. Dependiendo del tiempo, puede tardar de tres a cinco días.

5. Puedes utilizar aceite de linaza. Ponga una capa gruesa de aceite y déjela reposar durante unas horas, y después, retire los restos con un papel de cocina. Déjalo secar toda la noche. Al día siguiente, añade cera. La cera puede proteger la cuchara de los dedos sucios y se lava cuando se lava por primera vez.

6. Su cuchara está lista

3. Dispensador de gominolas

Dimensiones:

- Dos piezas de madera de 4"x4" de grosor 7/8"

- 1 pieza de madera de 31/2 "x31/2" y 11/2" de grosor

- 1 pieza de madera de 31/2"x31/2" de grosor.

- 1 pieza de madera de 61/2" a 10" de largo, de 1" de grosor y 1" de ancho

- Una clavija de 1/4"

- Al menos 11/2" de largo y 1" completa exactamente la pieza de madera fina

Otros materiales:

- Un tarro Mason y una tapa.

- Las colas de madera

- Uñas diminutas

- Broca de 1/2"

- Broca de 3/4" o 15/16"

- Una sierra de mesa

- Una sierra de cinta o de marquetería

- Cinta métrica

- Cuadrado

- Martillo

- Punch

- ¡¡Gominolas!!

Procedimiento:

1. Corta toda la madera a la medida y marca 4x4" arriba y abajo.

2. Encuentre el centro del bloque superior y luego perfore un agujero con la broca de 3/4" o 15/16".

3. A continuación, aparta las dos piezas.

4. Toma un trozo de 31/2" por 31/2" y el trozo largo que tienen el mismo ancho.

5. Ponga la pieza superior de 4x4" y luego colóquela encima de la fina de 31/2"x31/2".

6. Con un lápiz, marque un punto en la pieza de 31/2" a través del agujero para conocer el lugar de la pieza larga.

7. Centra la pieza larga sobre ese punto y marca dónde está.

8. Haga las líneas de 1/16' más grandes y recórtelas en cualquier sierra y asegúrese de que sea uniforme.

9. A continuación, pega con cuidado y clava la madera que has cortado en la pieza de 31/2x31/2".

10. Coge la pieza de madera larga y haz una línea de ½" hacia abajo.

11. Encuentre el centro de esta pequeña sección con una broca de 1/4" y luego perfore un agujero en el centro. Recuerde no perforar a través de la madera, sino ir muy abajo.

12. A 3" de ese agujero que hiciste, marca un espacio de 11/4".

13. Fue girando que en su lado, marque una línea 1/6 "por encima de la parte inferior. A partir de ahí, hacer dos ³⁰⁰ángulos que bajan un poco más de la longitud de la madre regular.

14. Corta este espacio.

15. Coge la broca de 1/2" y haz un pequeño círculo en la ranura que has hecho. Ayudará en el desprendimiento de la gomita fuera de la ranura.

16. Coge los bloques de 31/2" y centra, clava y pega la parte superior

y las piezas inferiores de 4x4". Asegúrate de que el orificio de la parte superior esté directamente encima de la abertura de las piezas de madera. Debe deslizarse sin esfuerzo y encajar perfectamente si no se lija o se corta por los lados.

17. Una vez hecho esto, coge una clavija de 1/4" y ponla en el agujero pequeño.

18. En la pieza de madera larga, marque el pasador para que vaya por encima de la pieza superior de 4x4".

19. Corta y pega dentro del agujero.

20. Coge la madera de desecho fina y corta un trozo de 1/2" más significativo que la parte trasera del mecanismo.

21. Asegurándose de que la madera está dentro de la abertura, puede pegar la parte trasera y, si quiere, añadir un pequeño clavo.

22. Ahora puede tener un dispensador que funcione sin el tarro superior.

23. Coge la tapa del tarro y asegúrate de que hay un agujero más grande que el de la pieza de madera superior.

24. Haz unos seis agujeros del tamaño de tus uñas pequeñas con cuidado.

25. Centre la tapa en la parte superior del dispensador.

26. Clávalo en su sitio con cuidado utilizando un punzón y un martillo.

27. Ahora ponte el frasco y ya casi has terminado el proceso.

28. Borra las marcas de lápiz y añade una capa de barniz, poliuretano o pintura. Ahora tienes un dispensador de gominolas muy chulo.

4. Montaña de la estantería

Diseño

Dimensiones:

Esto puede variar dependiendo de su elección, pero aquí están las posibles dimensiones de cada estante:

- 11.25"- 12"

- 5.5" – 8"

- 5.5" -9.25"

- 3.5" – 5.5"

- 15"-18"

Procedimiento:

1. Siga las medidas de seguridad al hacerlo.

2. Utilice una sierra circular para hacer cortes transversales para cortar las tablas a la medida. El total de cortes es de 49.

3. Puedes conseguir tablas en una tienda de cajas y tener cuidado al elegir.

4. Disponga las tablas de manera que el mejor lado sea visible.

5. Después de cortar, etiquetar las tablas con las longitudes.

6. Sujete la tabla y fije dos piezas de desecho a cada lado para tener más superficie sobre la que apoyar la guía de perforación.

7. Si tiene centros de espiga adecuados, puede perforar un agujero de 3/8" en la veta final de las piezas verticales primero y ofrecerlas a las piezas horizontales con los centros de perforación en su lugar para marcar las posiciones de los agujeros correspondientes.

8. Si no hay centros de perforación, corte las cabezas de los dos tornillos para dejar la rosca y la punta, encerrando la rosca con cinta adhesiva para adaptarla al agujero piloto de 5mm. El agujero piloto debe ser perforado, de modo que sólo la punta del tornillo sobresalga, y cuando se alinee con la tabla de acoplamiento, pondrá dos marcas con las que podrá centrar los agujeros.

9. De este modo, se asegurará de que los tacos siempre encajen y se alineen. Si puede medir y taladrar con precisión, esto no será necesario. Pero es poco frecuente.

10. Las tablas verticales exteriores tienen tirantes y tacos que las unen, y

las piezas verticales interiores entre los estantes de la izquierda no tienen tacos ni fijaciones.

11. Con los agujeros taladrados, debe dejar caer tacos con un poco de adhesivo para madera en los agujeros de la veta de acabado. Esto ayuda a que la librería se descomponga en plano y sea fácilmente transportable.

12. Por medio de las piezas cortadas, penetradas, y las espigas insertadas, se puede fijar un ajuste en seco de todas las piezas para confirmar que encaja recogido en el orden correcto.

13. Una vez completado el ajuste en seco, puede tomarse su tiempo para etiquetar la parte trasera de las tablas para apoyar el montaje más tarde.

14. En este, hemos etiquetado las tablas "H" como horizontales y "V" como verticales. La numeración se realiza desde el suelo hacia arriba y de izquierda a derecha. Esto dará una designación única para cada pieza.

15. En la intersección de cada pieza, debe escribir en los extremos, la pieza que conecta, para proporcionar un orden y una posición específica.

16. Coloque los tirantes de las esquinas en las esquinas exteriores de la parte trasera para evitar que se acumulen.

17. Hay que proteger la madera blanda. Para ello, puede optar por un tinte oscuro y un acabado de poliuretano.

18. Desmonte los estantes y luego coloque la parte trasera sobre tacos de madera de desecho para levantarla del suelo y proporcionar un mejor

acceso.

19. La capa inicial debe dejarse secar durante la noche y lijarse con papeles de grano 80 y una lijadora eléctrica para eliminar la mancha de los niveles altos de grano y hacerla resaltar.

20. A continuación, se puede aplicar una capa adicional de Bombay Mahogany, que es diversa con Minmax Ebony

21. Hay que teñir en 5 partes de caoba por 1 parte de ébano para oscurecer las manchas. Puede dar un aspecto más envejecido.

22. Unir todas las piezas en el orden marcado. La sección en T, que sobresale, también se unirá con los tacos en la junta. Pero tiene placas de unión planas atornilladas en la parte inferior para unirlas. Hay un soporte de esquina en el panel vertical exterior para mantenerlo alineado con otras piezas.

5. Mesa de picnic

Los dos bancos

Dimensiones:

- Corta cuatro patas de 2x8, cortando a inglete la parte superior e inferior de cada pata a 22 grados.

- Corta dos travesaños horizontales de 2x4 para apoyar la parte superior y dos travesaños de 2x8 para los bancos. Corta una esquina de cada extremo de los travesaños del banco.

- Haga dos tirantes de 2x4 con extremos cortados a inglete a 45 grados para que vayan desde los lados hasta la parte inferior del tablero.

- Corta tirantes centrales de 2x4 para los bancos y la parte superior.

Procedimiento:

1. Aquí hemos utilizado varillas roscadas m8 para conectar las construcciones de las patas. En total, tenemos que utilizar 24 cada 16 cm y cortarlas cuando la mesa esté lista.

2. La mesa

3. Cortar piezas para cada pata.

4. Atornillar todo junto

5. Las piernas no deben ser más bajas que la conexión de dos por cuatro.

6. Las conexiones horizontales están a 50 mm del suelo, por lo que no se tambalea en superficies irregulares.

CONSEJOS Y TRUCOS PARA EL JOVEN CARPINTERO

Empezar con proyectos sencillos

Una de las mejores sugerencias que puede escuchar un aspirante a carpintero es centrarse en proyectos más pequeños antes de pasar a otros más grandes. Puede ser más fácil decirlo que hacerlo, especialmente si está empeñado en invertir en todo el equipo de carpintería que hay en el mercado. Al presentarle muchas opciones de herramientas a lo largo de este libro, es de esperar que se le hayan dado oportunidades sobre las herramientas para trabajar la madera que son adecuadas para usted en este momento. Como con cualquier afición, invertir en la carpintería costará algo de dinero, pero tampoco es la afición más cara que existe. Además, cuando empiezas con proyectos sencillos, tienes más posibilidades de perfeccionar tus habilidades y crecer, en lugar de abrumarte y perder la oportunidad de aprender una o dos técnicas nuevas. La carpintería se basa en el proceso, en el aprendizaje y en ver a dónde puede llevarte el proceso.

Junto con esta idea, también es importante entender que trabajar la madera no siempre consiste en limitarse a juntar trozos de madera y crear diseños únicos. El diseño debe hacerse en papel antes de colocar el cincel, o la sierra, o la órbita, a la madera en cuestión. Otro tipo de cosas en las que deberías centrarte a medida que desarrollas más y más tu afición. Incluye tener una configuración adecuada de las herramientas, ser capaz de hacer la superficie y lijar su trabajo correctamente, hacer una investigación adecuada antes de tiempo, y luego unir todos estos tipos de ideales.

No todo es el oficio en sí mismo

Otro consejo útil que puede poner en perspectiva la afición de trabajar la madera es la idea de que no siempre se trata de la búsqueda de la madera en sí misma. Significa que probablemente también habrá momentos en los que tendrá que considerar cómo elegir correctamente la madera. Incluso cómo prepararla para que resista los elementos en los que piensa utilizarla. Luego, podría decirse que lo más importante es entender las características únicas de cada tiempo de la madera que se puede utilizar en la carpintería. Sin conocer estos detalles íntimos de la madera con la que está trabajando, es mucho más probable que cometa errores que empañen la belleza y la durabilidad de su proyecto a largo plazo.

Por ejemplo, yo mismo he incursionado en el mundo de la madera, y uno de mis proyectos más recientes fue una mesa de granja. Quería ahorrarme unos 700 dólares construyendo la mesa en lugar de pedirla y que me la enviaran de una tienda, así que decidí intentarlo. Esta mesa de granja no era complicada en absoluto, y se basaba en gran medida en las plantillas de agujeros para su diseño. Seguí las instrucciones paso a paso y todo parecía estar bien. Utilicé madera de pino para este proyecto y no hice la investigación adecuada de antemano para saber que la madera de pino es bastante blanda y necesita mucho espacio para respirar. Esta necesidad de más espacio para que la madera se expanda y se contraiga en última instancia condujo a la grieta gigante en el centro de mi nueva mesa de casa de campo que desde entonces he parcheado con un poco de relleno de madera. La moraleja de esta historia es que si hubiera hecho mi investigación de antemano, habría llegado a entender que las plantillas de agujeros de bolsillo no son una forma duradera de diseñar una mesa. También habría aprendido que toda la madera necesita una cierta cantidad de espacio para respirar una vez que se perfora (o se une) en su lugar.

Sea prudente en sus inversiones

Es posible gastar una gran cantidad de dinero en materiales para trabajar la madera. Este libro ha tratado de proporcionarle información objetiva sobre el coste de las herramientas, pero el hecho es que la calidad a menudo va a triunfar sobre la cantidad. Por ello, no debe tratar de ser demasiado frugal a la hora de elaborar su inventario de herramientas para trabajar la madera. Una vez que haya investigado y haya decidido comprar una herramienta en particular, tómese el tiempo para investigar otros proyectos que pueda practicar más allá del que tiene en mente. Además, también debería trabajar para no comprar herramientas muy especializadas. Estas herramientas pueden ser útiles para un tipo de proyecto, pero después de que ese proyecto esté terminado, ¿qué se supone que vas a hacer con esta herramienta para obtener el valor de tu dinero? Es esencial pensar en este tipo de factores antes de invertir su dinero en herramientas para trabajar la madera.

Esté atento a las estrategias múltiples

Como usted está bien informado, Internet está lleno de información sobre cómo puede lograr un mismo objetivo de múltiples maneras. Con la carpintería, esto no es diferente. Mientras que usted puede haber visto que la manera más fácil de ir sobre la construcción de algo es usando una herramienta particular, esto no significa que usted tiene que comprar necesariamente este equipo y realizar el trabajo de esta manera exacta. En cambio, siempre debe tomarse el tiempo e investigar cómo puede hacer algo con las herramientas que tiene primero. Hoy en día, es probable que siga habiendo formas creativas de lograr rápidamente el objetivo que tiene sin adherirse al método más popular. Claro, esto puede significar que en algún momento tengas que hacer las cosas de una manera un poco más difícil aunque exista una forma más cómoda, pero no tengas miedo de desafiarte a ti mismo.

Sé fiel a ti mismo y a tu oficio

Aunque apenas esté comenzando a conocer los entresijos de la carpintería y lo que puede ofrecer a su vida, esto no quiere decir que llegue un momento en su vida en el que se dé cuenta de que le apasiona increíblemente la carpintería. La verdad es que el trabajo de la madera requiere concentración, pasión y disciplina para lograr el éxito y productos hermosos. Tanto si sueña con diseñar muebles grandes y laboriosos como con baratijas más pequeñas e intrincadas para amigos y familiares, no debe tener miedo de lanzarse a esta apasionante afición. Si es así como se siente en última instancia, debe asegurarse de dedicar tiempo a la carpintería dentro de su ya ajetreado estilo de vida. Cree el espacio a su alrededor para poder abrirse a la carpintería, y este espacio debe ser tanto financiero como espacial. Nadie sabe adónde le llevará el trabajo de la madera, pero depende de usted descubrirlo. Invierte tu tiempo en tu interés. Abre la tienda online, lee libros de la biblioteca sobre técnicas de carpintería y pequeños proyectos. Es una afición única en el sentido de que debes hacerle un verdadero hueco en tu vida para que te funcione. Tú eres el único que tiene el poder de adaptar tu estilo de vida de manera que esto ocurra.

SAWS

Empezar el proyecto: Cortar y dar forma

Corte de madera en forma de banco (obra de Floor Nicolas)

Una vez que tenga listo su Woodstock, es el momento de empezar a construir el proyecto. Aquí, cortar y dar forma a las piezas correctamente es fundamental para garantizar que todo encaje correctamente al montar todo el proyecto. Evitar la mayor cantidad de residuos posible también es crucial en esta etapa.

Aquí es donde los adultos pueden preocuparse mucho por ti, pero este libro pretende ayudarte con estas herramientas. Sigue leyendo y aprende.

Corte con herramientas manuales

Al cortar a mano, la sierra manual será su herramienta principal (si no la única). En este caso, es esencial elegir el tipo de sierra adecuado para cada corte. Como ya hemos dicho, hay dos sierras que se utilizan habitualmente para la mayoría de los proyectos: la sierra de corte al hilo y la sierra de corte transversal. La sierra de corte al hilo divide la madera a lo largo de la veta, mientras que la sierra de corte transversal corta a lo largo de la veta.

Entonces, ¿qué sierra debe utilizar primero? Una forma excelente de decidirlo es trazar los cortes que va a realizar para cada pieza. Marque un esquema de los cortes de madera y determine qué tipo de corte va a realizar más y comience con la sierra apropiada para ese corte en particular. Por ejemplo, al cortar vigas y tablones de madera a la medida, una sierra de corte transversal será su elección, ya que la mayoría de las veces va a hacer cortes a través de la veta de la madera. Sería mejor terminar todos los cortes con una sierra primero antes de pasar a la otra para ahorrar tiempo.

Una cosa complicada cuando se cose a mano es conseguir que el corte sea lo más recto posible, aunque un pequeño bache pueda hacer que el corte se desvíe. En este caso, la forma de realizar el trazo es crucial. Empieza por agarrar bien y con firmeza el mango de la sierra. Colóquese sobre la pieza a cortar. Asegúrese de alinear su vista de manera que la hoja de sierra esté enfocada en su línea de visión. A continuación, con la hoja de sierra alineada a la marca, que ya ha hecho. Asegúrese de que sus codos estén cerca de su cuerpo para contrarrestar su tendencia natural a mover la hoja en ángulo.

Para realizar el primer corte, o el corte inicial, utilice el pulgar o el nudillo del pulgar de la mano que sujeta la madera para que le sirva de guía. Coloque la hoja de sierra sobre el punto inicial de la marca de corte en el lado del corte. Realice unas cuantas pasadas cortas para crear la ranura inicial. Una vez que haya hecho la ranura, proceda a dar pasadas largas y fluidas para que los dientes de la hoja de sierra corten completamente la pista.

Una cosa importante que hay que recordar es no presionar la sierra en un intento de hacer que cada golpe corte más profundo, ya que esto sólo le cansará más rápido. Deje que la sierra se mueva con la mayor naturalidad posible. En caso de que su corte se desvíe de la dirección deseada, vuelva a empezar desde la parte superior de la marca y evite tratar de girar y doblar la hoja para recuperar la posición correcta.

Al serrar a lo largo de la veta de la madera, a veces se encontrará con lo que se conoce como atascamiento. El atasco se produce cuando la ranura del corte se cierra sobre la hoja de sierra, dificultando su extracción. Puede resolverlo clavando un clavo en la ranura para mantenerla abierta. Recuerde acercar el clavo hacia usted a medida que avanza en el corte.

Corte con herramientas eléctricas

Serrar a mano puede ser una tarea tediosa, especialmente si hay muchas piezas que cortar. Las herramientas eléctricas facilitan el trabajo al permitirle cortar de forma más rápida y limpia. Sin embargo, los carpinteros novatos deben familiarizarse primero con estas herramientas, ya que incluso un ligero desliz de la mano puede arruinar un buen corte. Las dos herramientas eléctricas más empleadas para cortar madera son la sierra de calar y la sierra circular.

1. Sierra de calar

Lo mejor de la sierra de calar es que viene con una variedad de cuchillas que le permiten cortar diferentes materiales y de diferentes maneras. Antes de empezar a cortar, elija la hoja adecuada para la tarea que vaya a realizar. Por ejemplo, si quiere hacer un corte fino sin mucho astillado, seleccione una hoja de "corte descendente". Para cortes más rápidos, las cuchillas más gruesas son la elección.

Con la hoja de sierra elegida firmemente acoplada a la sierra de calar, puede comenzar el corte. Asegúrese de fijar la pieza a cortar firmemente en una mesa, banco u otro soporte. Utilice abrazaderas, si es necesario, para mantener la pieza firmemente en su sitio. Para cortar una línea recta, coloque la sierra de calar en el extremo de la línea de corte y asegúrese de que la hoja está alineada con la marca. Sería útil utilizar una guía elevada, como una tabla, para apoyar la zapata de la sierra de calar (la parte inferior) y evitar que se desvíe. Corta despacio y con constancia, y no fuerces tu peso sobre la herramienta.

Una técnica útil cuando se hacen recortes para agujeros o piezas con forma con la sierra de calar es el corte de inmersión. El corte de inmersión crea el agujero inicial desde el que se procede al siguiente corte. Para generar este corte, incline la sierra de calar sobre su extremo. Asegúrese de que la hoja de la sierra va paralela a la superficie de la madera. Luego, con el peso de la herramienta apoyado en la parte delantera de la zapata. Haga funcionar la sierra de calar al máximo e inclínela lentamente hasta que la hoja toque y atraviese el grosor de la pieza de madera.

2. Sierra circular

La sierra circular es especialmente adecuada cuando se trata de piezas grandes como madera, MDF o contrachapado. Una cosa que hay que tener en cuenta es que, como la hoja corta en la carrera ascendente, el lado más limpio está en la parte inferior de la pieza que se está cortando. Para reducir la necesidad de limpieza, coloque la madera que va a cortar con la superficie que desea mostrar en el producto final del fondo.

La herramienta se prepara para el corte de forma muy parecida a la sierra de calar, con las hojas y los ajustes elegidos en función del trabajo a realizar. Para ajustar la profundidad de corte de la hoja, añada al menos de 5 a 10 milímetros al grosor total de la pieza que va a cortar. Por ejemplo, si va a cortar una madera de 40 mm, ajuste la profundidad de corte de la hoja a 45-50 mm.

Al preparar la madera, asegúrese de dejar suficiente espacio para que la hoja pase por debajo de la zona donde se va a realizar el corte. También es posible que desee asegurar la pieza a cortar con mayor firmeza en el soporte clavándola.

Con la hoja de sierra circular ajustada a la profundidad de corte deseada, alinee las muescas de la guía con la marca del lápiz, alineando primero la marca con el lado derecho de la sierra y luego alineando la marca con el hueco delantero. Para cortar, ponga en marcha la herramienta y empújela a través de la pieza con la fuerza justa para que se deslice por el material. Vigile la base de la sierra durante el corte, asegurándose de que siempre esté plana sobre la madera que se está cortando. Una vez realizado el corte, compruebe que el protector de la hoja vuelve a su posición normal.

Dar forma a la madera

Para la mayoría de las piezas, puedes construir artículos como mesas y sillas a partir de vigas y tablas cortadas. Si quieres añadir toques decorativos, como reposabrazos curvados o pomos, tendrás que darle forma a la madera. Hay varios métodos diferentes para dar a la madera la forma deseada, pero nos centraremos en el moldeado por desecho, que es la eliminación de material hasta conseguir el aspecto deseado. El corte se considera a veces como dar forma por destrucción.

Un cuenco con forma de una sola pieza de madera

Dar forma a la madera a mano ha sido una práctica habitual durante milenios. Las tres herramientas más comunes empleadas por los carpinteros para dar a sus piezas las formas deseadas son el cincel, el cepillo y la escofina.

1. Cincel

El cincel es sin duda el más reconocible de los tres, ya que se asocia con frecuencia a los talladores de madera. Como ocurre con cualquier otra herramienta, el resultado de una pieza cincelada dependerá en parte de la calidad del cincel que tenga. Antes de empezar, asegúrese de que todos los cinceles que utilice estén afilados y de que las hojas estén bien sujetas a los mangos.

Para empezar a recortar (quitar material), marque la curva deseada golpeando con cuidado el cincel en el borde de la madera, siguiendo un contorno predeterminado. Con una sierra de mano, corte todo el exceso de madera que pueda fuera de la curva hasta que quede una pieza angular con la forma deseada. Para dar a la madera la forma final, coloque la hoja del cincel de manera que quede ligeramente inclinada contra la superficie de la madera. Coloque su mano libre en la parte superior del filo y presione firmemente sobre la madera. Introduzca el cincel en la madera con la otra mano hasta que afile algo de material. Para asegurar la profundidad del corte, sube o baja el ángulo del mango del cincel.

Para crear cortes más profundos que los que se pueden hacer con el cincel, hay que cambiar a un cincel más firme. Utilice un mazo en lugar de un martillo cuando utilice este cincel, ya que el mazo absorbe más el impacto, evitando que se dañe el mango del cincel. Evite partir o dañar la madera tomando sólo rodajas finas de material. Además, golpee el mazo sólo con la fuerza necesaria para clavar la hoja del cincel en la madera.

2. Plano

El cepillo de mano es útil para eliminar pequeñas cantidades de material de las piezas, como cuando se redondea el borde de una tabla. Para obtener los mejores resultados, el cepillo debe ajustarse en función del corte deseado. Si va a utilizar el cepillo de mano para dar forma en general, afile la plancha a un ángulo de unos 25 grados. El ángulo debe ser ligeramente inferior para las maderas más blandas, mientras que las maderas más duras necesitan un ángulo más alto para el cepillo.

Para empezar a dar forma a la pieza de madera, haz avanzar la plancha al máximo hasta que quede a ras de la boca del cepillo y ajusta la cuchilla hasta que quede paralela a la suela de la herramienta. Retírela de nuevo y haga cortes de prueba en una tabla de desecho, avanzando lentamente la plancha hasta obtener virutas finas como el papel en toda la longitud de las suelas.

Con la madera sujeta en un soporte práctico, marque la zona que desea afeitar. Es conveniente que se mantenga en ambas caras de la tabla, ya que si se afeita sólo una cara se puede quitar más material del que se desea. Al afeitar, dé golpes largos y uniformes que recorran toda la longitud de la tabla o pieza, sujetando el cepillo con ambas manos. Deje que el cepillo salga del borde de la tabla y empuje las virutas fuera de la superficie.

3. Escofina

Las escofinas funcionan de forma similar a un papel de lija muy grueso. Por lo general, se utilizan para igualar y alisar las curvas en su forma final durante el acabado. Sin embargo, también pueden crear curvas poco profundas en el cuerpo de la madera durante el moldeado inicial.

HERRAMIENTAS MANUALES O ELÉCTRICAS PARA TRABAJAR LA MADERA

Ahora que ya tiene una ruta algo exacta para empezar a desarrollar la carpintería como afición, profundizaremos aún más en el tema. Esta parte examinará los tipos de herramientas de mano que un carpintero principiante debería comprar y por qué. Recuerde, no tiene que matar su cartera comprando toneladas de equipo al principio, pero estos tipos de herramientas de mano le permitirán desarrollar habilidades esenciales que necesitará a medida que avance hacia el perfeccionamiento de sus habilidades más adelante. Algunos carpinteros veteranos a veces emparejan sus herramientas manuales con sus herramientas eléctricas, lo cual es una excelente idea para familiarizarse con ambas. Por otro lado, algunos carpinteros también ven las herramientas eléctricas como una limitación porque las herramientas manuales son más precisas y permiten realizar cortes más exactos. Para este argumento, usted tendrá que decidir hasta qué punto esto es cierto, y esto probablemente se verá a través de su estilo de trabajo con la madera. En primer lugar, veremos algunas de las herramientas manuales esenciales que puede considerar comprar antes de pasar a la seguridad y las limitaciones de estas herramientas.

Mientras que el otro párrafo debería haberle mostrado que las herramientas manuales tienen algunos grandes beneficios y le ha proporcionado alguna información sobre cómo utilizarlas correctamente, esto examinará las herramientas eléctricas que debería estar pensando en adquirir como aspirante a carpintero. Veremos las ventajas de poseer una sierra circular, una ensambladora y una mesa de fresado, así como la forma de utilizarlas con seguridad. Cuando termine de leer este libro, deberá conocer todas las herramientas, las eléctricas y las manuales. Esto nos permitirá centrar el resto de este libro en lo que puede hacer con estas herramientas una vez que las tenga a su disposición.

La sierra circular

Una sierra circular y una sierra de mesa funcionan de forma similar, con la diferencia significativa de que la sierra circular le costará mucho menos que una sierra de mesa. Cuando usted está utilizando una sierra circular, usted va a desear cerciorarse de que usted tiene una tabla que usted pueda utilizar para cortar la madera. Usted no va a utilizar esta sierra correctamente solamente porque usted no tiene una tabla debajo de ella que estabiliza y que mantiene la madera en el lugar. Con la hoja de sierra encendida y el cable de alimentación enchufado, alinee la hoja de sierra con la línea que ha medido y que está colocada en el punto exacto donde hay que cortar la madera. Es posible que quiera alinear la sierra con la madera antes de encender la hoja porque esto le proporcionará la mayor precisión. Una vez que encienda la hoja, asegúrese de que una mano está en el mango de la sierra, mientras que la otra sostiene la madera firmemente en su lugar. Empuje la hoja a través de la madera hasta que las dos piezas se separen. Dependiendo de para qué vayas a utilizar la madera, es posible que quieras lijar los bordes de la pieza que estés utilizando una vez que hayas terminado de usar la sierra circular. Como apunte, hay dos tipos de cortes que pueden realizar las sierras circulares. El primer corte se conoce como corte transversal. Un corte transversal va a través de la veta de la madera, mientras que el corte al hilo va con la veta de la madera. El coste medio de una sierra circular es de unos 40 dólares.

En cuanto a la seguridad de la sierra circular, hay que decir más que la de las herramientas manuales. Usted debe asegurarse de que usted está adhiriendo a las siguientes directrices cuando se utiliza una sierra circular:

- Asegura tu ropa para que no cuelgue nada, y haz lo mismo con cualquier joya o pelo largo

- Utilice protección para los ojos y los oídos. La protección de los ojos es increíblemente esencial ya que las partículas sueltas de madera probablemente se desprendan de la madera y vuelen libremente en el aire

- Asegúrese de que no hay una gran parte de la hoja que cuelgue de la propia sierra. Sólo un cuarto de pulgada de la hoja debe estar suspendida de la sierra.

- Compruebe la protección de la cuchilla antes de encenderla para asegurarse de que funciona

- Como protección adicional, utilice una pinza para mantener la madera que está cortando contra su superficie de trabajo para que pueda utilizar ambas manos para guiar la madera en lugar de una sola mano

Un carpintero

La resolución principal es tomar el borde áspero de una pieza de madera y dejarlo plano. No es lo mismo que una lijadora, porque por "plano" no debe interpretarse que la tabla quedará lisa. En cambio, la ensambladora va a garantizar que la pieza de madera en sí sea plana. Por ejemplo, si usted colocara un nivel sobre la pieza de madera en la que acaba de realizar una junta, el nivel indicaría que la pieza de madera está nivelada. Si bien es cierto que no se necesita una ensambladora cuando se empieza a trabajar la madera porque se tiene la opción de comprar madera pre-nivelada en la tienda local de artículos para el hogar, esta madera suele ser barata y no va a ser la mejor para construir. Para poner en perspectiva la eficacia de una ensambladora, veamos un dato rápido. Un obrero cualificado tarda aproximadamente media hora en aplanar un trozo de madera que se vende en la tienda. En cambio, una ensambladora sólo tarda unos minutos en aplanar la madera por usted.

Como puede percibir en la imagen anterior, el objeto a la derecha de la madera es el tope. Esto se debe a que se puede ajustar en función de lo completa que sea tu pieza de madera y de si buscas aplanar el borde ancho o el borde fino de la pieza de madera en cuestión. Las dos palas que también puedes ver en la foto. Se utilizan para arrastrar la madera a lo largo de la hoja entre el borde de la ensambladora y la guía. Como ya vimos con algunas de las otras herramientas de las que ya hemos hablado en este libro, es posible que tenga que arrastrar la pieza de madera hacia adelante y hacia atrás a lo largo de la hoja hasta alcanzar la planitud deseada. Es importante entender que la noción de presión es esencial cuando se utiliza la ensambladora. Si ejerces demasiada presión en una zona concreta de la madera, vas a provocar que la planitud de la tabla se eleve, lo que provocará que nunca puedas conseguir que la tabla quede del todo bien.

Las precauciones de seguridad más importantes que debe seguir al utilizar una ensambladora tienen que ver con sus oídos y sus manos. Es conveniente que invierta en unas orejeras antes de utilizar este equipo para no dañar su oído. Además, asegúrese de resistir la tentación de utilizar la ensambladora sin las palas que se suministran con el equipo. Por último, es conveniente que compruebe la profundidad del corte que va a realizar antes de encender la máquina. Así evitará caer en una situación en la que intente ajustar la profundidad del corte mientras la máquina está en marcha y se haga daño. Una ensambladora puede costar desde 44 dólares hasta 1.000 dólares. Una vez más, puede ser una buena idea invertir en el lado más barato cuando se está empezando.

Una mesa de fresado

Podría decirse que una mesa de fresado es más versátil que una ensambladora porque puede conseguir el mismo resultado que una ensambladora, pero sólo para el lado delgado de la madera. Una mesa de fresado puede dar forma a bordes y curvas decorativas, formar estructuras elevadas en la propia pieza de madera, recortar ranuras y hendiduras, crear molduras para puertas e incluso crear puertas. Algunos carpinteros consideran que la mesa de fresado es la herramienta más versátil de su taller de carpintería. Como puede ver en la imagen de arriba, una cubierta de plástico para el polvo también le protege de los desechos y las cuchillas. Aunque algunas personas le dirán que una fresadora portátil o una fresadora de corte es la mejor opción para que la compre un principiante, la realidad es que este tipo de herramientas no le van a dar el mismo resultado que una mesa de fresado. La mesa de fresado es más estable que los otros tipos de fresadoras que puedes comprar, por eso este libro te aconseja que inviertas en una mesa. Veamos un ejemplo que demostrará cómo puede utilizar mejor una mesa de fresado. Usted quiere crear una moldura para su piso porque la moldura que quiere ya no está en stock. Al decidir cómo puede lograr esto, primero tendría que averiguar qué tipo de broca va a poner en el espacio para cuchillas de la mesa de fresado.

Como puedes ver en la imagen, hay una pequeña abertura en el centro de la mesa donde se asienta la cubierta de plástico. Es donde van a ir las diferentes brocas. Algunas de las brocas más comunes son las brocas rectas, las brocas para rebajar y las brocas para rebajar.

Una vez que sepas qué tipo de broca vas a utilizar, el siguiente paso será colocar la madera en la mesa de la fresadora. Hay un pequeño interruptor a la derecha de la mesa en la imagen de arriba que vas a tener que encender. A continuación, desliza la madera contra los lados de la mesa de la fresadora para que quede uniforme, empujándola hacia la broca giratoria que tienes colocada. Diseñará la madera según la forma de la broca pequeña de la máquina. Para nuestro ejemplo, ya que has decidido crear una moldura, vas a querer empujar ambos lados de tu madera previamente medida a través de la mesa de la fresadora para que ambos lados de la madera tengan el efecto deseado que buscas. Si sólo te interesara cortar un lado de la tabla en la mesa de la fresadora, tendrías que utilizar una sierra circular después de haber terminado de crear la pieza de adorno para cortar la pieza de madera a la longitud que deseas.

Una mesa de fresado puede costar entre 70 dólares y unos 1.600 dólares. Las precauciones de seguridad que rodean a la mesa de fresado incluyen la idea de que se debe utilizar una paleta para acercar la madera a la broca dentro de la mesa. Las gafas de seguridad y la protección de los oídos también son imprescindibles.

Herramientas para

trabajar la madera

La mejor manera de ver tus herramientas es como un cuerpo ampliado. Te dan todo tipo de fuerza extraordinaria y amplían enormemente tu capacidad creativa. Sin embargo, todo esto no ocurre automáticamente. Sólo es válido si sabes cómo funcionan las herramientas y cómo debes trabajar con ellas. Sin embargo, tratamos con madera, por lo que es necesario aprender cómo se comunican las herramientas con la madera. Cuando se trabaja con herramientas manuales, esta necesidad es inmediatamente más evidente, pero no menos precisa porque se añade potencia.

Si quieres ampliar tus habilidades, tendrás que desarrollar tus capacidades. La materia prima que necesitas es una herramienta nueva -incluso una buena- recién sacada de la caja. Debe, como podría hacer con un cepillo de mano, afilarlo, ajustarlo y ponerlo a punto. O, como podría tener que hacer con una sierra de mesa antes de que pueda realizar los diferentes trabajos que necesita, puede que tenga que ser levantada, equilibrada y dotada de un trineo de corte transversal, una plantilla o una hoja de ranurado. En cualquier caso, una herramienta nueva recién sacada de la caja no es tan diferente de un ordenador nuevo; el ordenador puede ser emocionante y fresco, pero hasta que no se instale el software y se importen los datos, no hará lo que tiene que hacer.

Herramientas de mano

Las herramientas de mano son las más fáciles de conseguir cuando se empieza a trabajar la madera, ya que suelen estar disponibles en el hogar y son baratas. A continuación se indican algunas de las herramientas de mano esenciales de las que debe constar un kit básico para trabajar la madera.

Martillo

El martillo de garra es quizás la más reconocible de todas las herramientas para trabajar la madera. No sólo permite clavar clavos en piezas de madera, sino también extraerlos utilizando el extremo con garras. El extremo con garras también sirve de contrapeso para mantener el equilibrio de la cabeza del martillo. También puede resultar útil para otras tareas.

El peso es una consideración importante a la hora de comprar martillos. Una cabeza más maciza significaría una fuerza más potente en cada golpe del martillo, lo que facilitaría el clavado. Sin embargo, también puede resultar un poco más difícil de controlar. Otra consideración importante a la hora de comprar un martillo es el tamaño del mango: cuanto más largo sea el mango, más rápido se podrá mover el martillo, aumentando la fuerza. El peso preferido de un martillo de orejas es de unos 450 gramos.

Sierra de mano, sierra circular y sierra de corte transversal

La sierra de mano es otra herramienta manual que se asocia casi universalmente con el trabajo de la madera. E incluso con la llegada de herramientas eléctricas como la sierra de calar y la sierra circular, muchos carpinteros experimentados consideran que es imprescindible tener al menos dos sierras de mano diferentes incluidas en su juego de herramientas.

Sierra de corte transversal

Se da la circunstancia de que hay varias sierras de mano diferentes. Los dos tipos esenciales que hay que tener en un kit de iniciación son la sierra de corte al hilo y la sierra de corte transversal. Las diferencias principales son la forma de cortar la madera: la sierra circular corta a lo largo de la veta, mientras que la sierra circular corta a lo largo de la veta. Además, tenga en cuenta que el número de dientes (denominados dientes por pulgada/TPI) determina qué sierra debe utilizarse para cortar un tamaño concreto de madera. Las sierras con un TPI más alto son adecuadas para las maderas más pequeñas, mientras que un TPI más bajo es útil para realizar cortes más agresivos en maderas más grandes.

La precisión es crucial cuando se trabaja en un proyecto de madera, ya que se desea que cada pieza sea exacta a las dimensiones especificadas para asegurar el ajuste correcto. En este caso, se prefiere una cinta métrica en lugar de una regla, ya que es mucho más compacta y se puede llevar fácilmente a donde se necesite. Una cinta métrica retráctil de 25 pies será ideal, ya que cualquier cosa más larga puede hacer que el mecanismo de retracción no funcione correctamente.

A la hora de comprar la cinta métrica, es esencial comprobar la solidez del gancho en el extremo. Cuando este gancho se afloja, puede deslizarse ligeramente fuera de su sitio, lo que puede hacer que tus mediciones se desvíen hasta un octavo de pulgada, lo que puede arruinar mucho la precisión. Además, no dejes que la cinta se enrolle con demasiada fuerza para no dañar la lengüeta.

Destornillador

Los tornillos son útiles cuando se quiere desmontar fácilmente las piezas unidas. Sin embargo, pueden ser un verdadero dolor de cabeza cuando se carece del destornillador del tamaño adecuado para el trabajo. Un buen juego de destornilladores debe incluir los tamaños más comunes de tornillos de cabeza plana y de estrella. Aunque es menos común, también sería útil tener algunos destornilladores de estrella y destornilladores de punta para estos tipos.

A la hora de decidir qué juego de destornilladores comprar, tenga en cuenta el ámbito de trabajo que piensa realizar. En el trabajo de la madera, donde la mayoría de los tornillos que probablemente utilizará son del tipo Phillips estándar y de cabeza ranurada, la preferencia se inclina más por estos últimos. Consiga un juego que utilice cabezas de broca acampanadas, que tienen la anchura exacta de los tornillos que piensa utilizar para no dañar la madera al poner y quitar los tornillos.

Cincel

El cincel es probablemente una de las herramientas manuales esenciales más olvidadas, ya que se asocia más a menudo con la talla de madera. Sin embargo, el cincel puede ser una pieza versátil, ya que se puede utilizar para limpiar juntas y cortes de sierra. Además, puede utilizarse para tareas tan novedosas como separar dos piezas unidas entre sí.

A la hora de comprar cinceles, sería buena idea hacerse con varios tamaños diferentes. Elija los que estén hechos de acero de aleación de alto carbono o de acero de aleación de cromo-vanadio, ya que resistirán el desgaste durante mucho más tiempo. Además, adquiere los que tengan empuñadura de madera dura con tapones metálicos en los extremos, ya que aguantan bien los golpes de martillo.

Plano de mano y plano de bloque

Aunque los principiantes a veces pasan por alto el cepillo de mano, es una de las herramientas esenciales que debe tener un kit de iniciación a la carpintería, ya que se utiliza no sólo para alisar la madera, sino también para darle forma según las necesidades y recortarla para que se ajuste a las medidas. Un cepillo de bloque es el punto de partida adecuado para los principiantes. Probablemente se sorprenderá al saber que es una buena idea adquirir cepillos de bloque más antiguos, ya que la calidad del acero utilizado para las piezas suele ser mayor.

Otro buen cepillo que se puede adquirir es el cepillo de pala. Este tipo de cepillo es útil cuando se trata de tablas que son más anchas que el cepillo de bloque. También es útil para alisar la cara de una tabla alabeada que es demasiado grande para ser manejada por un ensamblador de caras (una herramienta utilizada para limpiar tales defectos de la madera).

Herramientas eléctricas

Las herramientas eléctricas están diseñadas para realizar las tareas cotidianas de carpintería de forma más rápida y sencilla. Estas herramientas se presentan en dos variedades diferentes: las herramientas con cable, en las que hay que enchufarlas a una toma de corriente, y las herramientas sin cable que tienen su paquete de baterías. Casi todas las herramientas eléctricas vienen con un surtido de accesorios, que les permiten hacer el trabajo de varias herramientas diferentes.

Sierra circular

Aunque a veces se considera que la sierra circular es más bien una herramienta de carpintería, también se ha vuelto indispensable para el oficio de carpintero. La sierra circular permite al carpintero realizar cortes que pueden ser difíciles de conseguir con una sierra de mano normal. También puede cortar con precisión utilizando pinzas para sujetar la pieza, lo que es ideal para tratar con madera contrachapada o tableros de fibra.

En el caso de la sierra de mano, el número de dientes es fundamental a la hora de adquirir una sierra circular y una hoja de sierra. Una hoja con más dientes produce cortes más delicados, lo que es ideal para hacer cortes precisos. Mientras tanto, una rueda más gruesa con menos dientes es adecuada para cortar rápidamente piezas más grandes. La altura es otro punto a tener en cuenta a la hora de elegir sierras circulares. Adquiera una que tenga un rango de altura que le permita cortar piezas para proyectos con comodidad.

Jigsaw

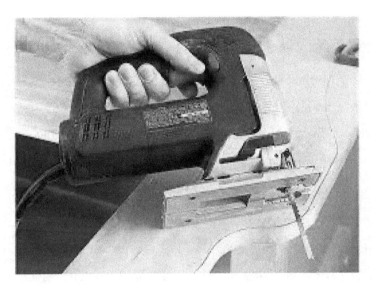

Cortar curvas en piezas de madera suele ser una tarea difícil de realizar cuando se utilizan sierras normales. Una sierra de calar facilita el trabajo al darle un mejor control para guiar la dirección del corte. Una de las características que debe tener una sierra de calar es la acción orbital. A diferencia de las sierras de calar estándar, que simplemente mueven la hoja hacia arriba y hacia abajo, las sierras de calar de acción orbital inclinan la hoja hacia delante, clavándola en la madera en el movimiento ascendente para producir un corte más suave. Tenga en cuenta que esta característica suele ser más común en las unidades más caras, pero aún así la encontrará.

También debe tener en cuenta la profundidad de corte de la sierra de calar. Para aplicaciones de carpintería, la profundidad de corte recomendada es de unos 5 cm. Si bien puede obtener una unidad que pueda proporcionar una mayor profundidad de corte para otros fines, tenga en cuenta que dichas hojas serían más propensas a doblarse y romperse.

Sierra de mesa

Para muchos principiantes, la sierra de mesa sería su primera adquisición importante para el taller, ya que es donde se centrará gran parte del trabajo. Una sierra de mesa le permite cortar grandes piezas de madera y recortar con precisión piezas más pequeñas a la medida. Muchas sierras de mesa también vienen con componentes que le permiten cortar el espesor variable de la madera en los ángulos deseados.

A la hora de elegir su primera sierra de mesa, es esencial tener en cuenta las características que desea tener, así como las que espera utilizar realmente. A partir de ahí, podrá reducir su selección a aquellos modelos que se ajusten a su presupuesto y que, al mismo tiempo, ofrezcan la mayoría, si no todas, de estas características.

Taladro eléctrico

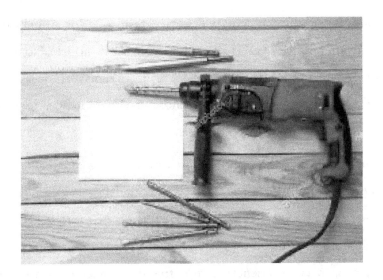

Al igual que el corte, la perforación de agujeros es otra de las tareas más comunes. En este caso, probablemente se sorprenderá al saber que un taladro eléctrico con cable será una mejor recomendación que uno inalámbrico. Esto se debe principalmente a que los taladros con cable son menos costosos y proporcionan una potencia constante durante mucho más tiempo.

Cuando revise los taladros eléctricos disponibles, busque una empuñadura cómoda para facilitar el manejo. Adquirir uno que tenga una función de acción inversa añadirá versatilidad a la herramienta. Asegúrate de que las brocas sean compatibles con tus otras herramientas, como destornilladores y llaves inglesas.

Router

La fresadora es una herramienta eléctrica versátil que los principiantes encontrarán útil para una gran variedad de tareas. Un modelo fijo es una buena opción para los principiantes, ya que realizará la mayoría de las tareas con eficacia. Elija una unidad con al menos 2 CV de potencia, que tiene suficiente poder para manejar brocas más grandes.

Otra característica que hay que comprobar más detenidamente es el diámetro de la boquilla de la fresadora. Una boquilla de ¼ de pulgada de diámetro sería una buena elección para los principiantes, ya que las brocas de este diámetro son mucho más fáciles de encontrar y más baratas. Una vez que tengas más experiencia con la fresadora, puedes cambiar a la variante de ½ pulgada, que es más estable y produce menos vibraciones.

Lijadora orbital aleatoria

De todas las tareas de carpintería, el lijado es una de las más arduas, ya que probablemente pasará horas para conseguir la suavidad deseada en la superficie de la madera. La lijadora orbital aleatoria hace que esta tarea sea menos tediosa a la vez que libera sus manos de todo el dolor de tener que frotar el papel de lija sobre la madera vigorosamente. Otro aspecto positivo de la lijadora orbital aleatoria es que reduce la aparición de marcas de lijado perceptibles, ya que se mueve con un movimiento aleatorio en lugar de un patrón definido.

CONCLUSIÓN

Gracias por leer todo este libro!

Este libro abarca cómo puedes mantener tu habitación ordenada y acogedora. Para mantener tus cosas en tu mesa de estudio. Para mantener tu espacio cómodo, aprendiste a hacer un sofá y una cama cómodos. Además, este libro te ha guiado para hacer un rincón de estudio con palets. Por otra parte, también aprendiste a utilizar diferentes proyectos de carpintería para mantener tu casa ordenada. Por ejemplo, supiste cómo hacer estanterías de madera para guardar tus libros correctamente, y aprendiste a hacer un zapatero para mantener tus zapatos en un solo lugar.

También aprendiste a hacer percheros para mantener tu ropa y tus abrigos en un solo hogar.

Por lo tanto, este libro habla de todos los proyectos de carpintería para hacer muebles excitantes que pueden satisfacer las necesidades de su hogar. Siguiendo estos proyectos de carpintería, usted puede hacer cada rincón de su casa hermosa, ya sea su dormitorio o habitación de invitados, su patio o la entrada, su cocina o un comedor, y así sucesivamente. Cortando la larga historia de forma concisa, estos proyectos para trabajar la madera son menos costosos y fáciles de intentar. Aquellas personas a las que les gusta el trabajo con alimentos pueden encontrar este libro perfecto. Un libro de carpintería es útil también para los principiantes. Porque los consejos sencillos pueden ayudarles a realizar las tareas de carpintería de forma adecuada, así que no pierda su tiempo y comience los proyectos de carpintería ahora mismo. Si encuentra algo interesante y útil en el libro electrónico de carpintería, no se olvide de compartirlo con sus amigos y familiares.

Así que sal ahí fuera y sumérgete en ese océano para hacer los proyectos más geniales, más únicos y más **tuyos** que puedas. Luego, expóngalos al mundo. Enséñalos a tus amigos y familiares. Regálalos a amigos y familiares. Véndelos en ferias de artesanía y hazte un nombre para que la gente te haga encargos específicos. Cuando lo hagas, descubrirás que esta habilidad es divertida y también lucrativa.

Hagas lo que hagas, no olvides divertirte y disfrutar del olor de una tabla recién cortada.

Gracias por haber llegado hasta el final de este libro. Mantente seguro, sigue trabajando y diviértete.

Ya ha dado un paso hacia su mejora.

Mis mejores deseos.

CPSIA information can be obtained
at www.ICGtesting.com
Printed in the USA
LVHW011014180621
690568LV00010B/1103